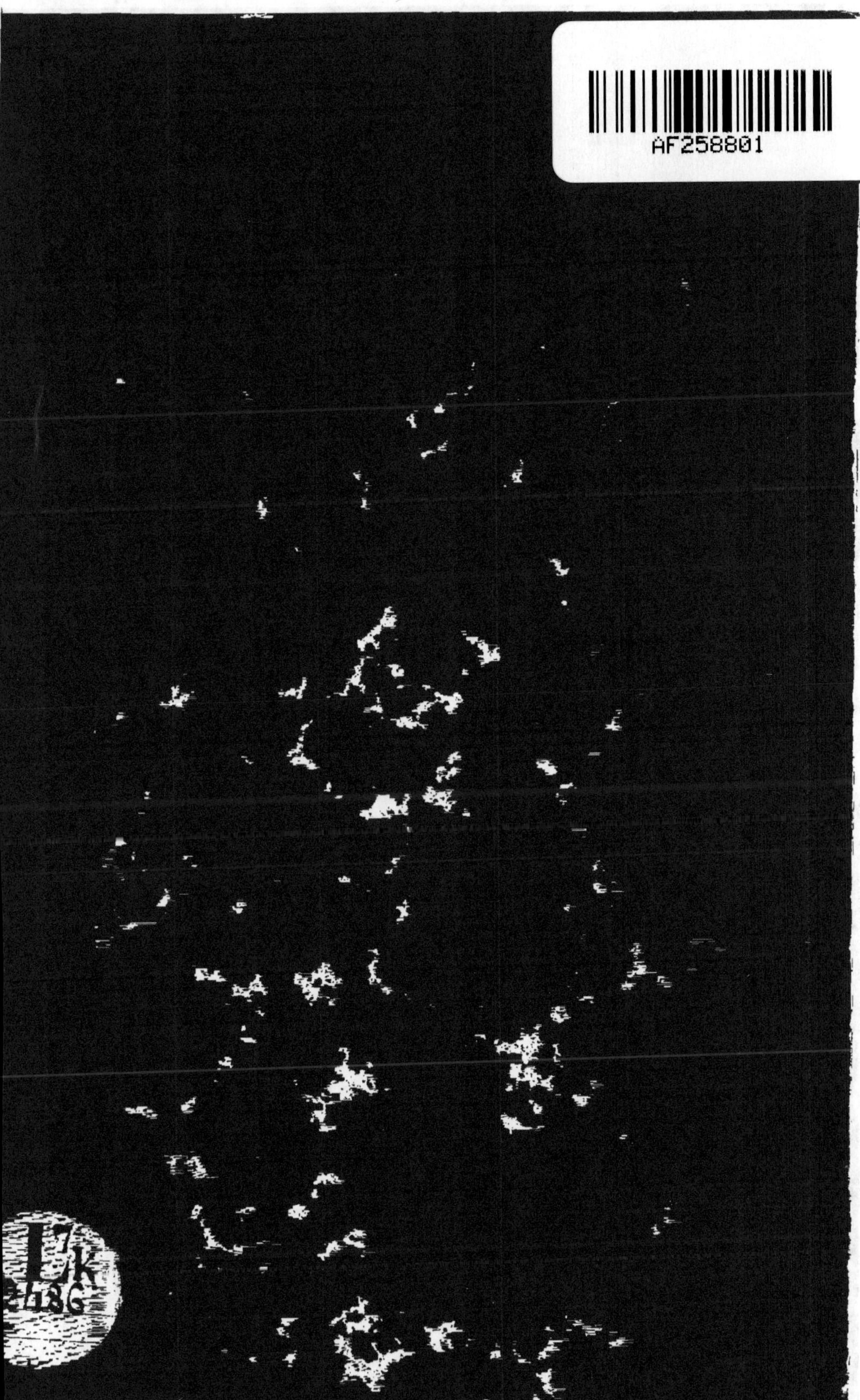

AF258801

7

LK 2486.

LETTRE

SUR

L'HISTOIRE DE DONNEMARIE

A MADAME RITA LAUDT

(NÉE MARIN).

Lettre

SUR

L'HISTOIRE DE DONNEMARIE

PAR

TESTE D'OUET,

Du comité des Arts et Monuments, Correspondant du ministère
de l'Instruction publique pour les travaux historiques,
de l'académie de Reims, etc.

PARIS

TYPOGRAPHIE WITTERSHEIM,

RUE MONTMORENCY, 8.

—

1846

A MADAME RITA LAUDT

(Née Marin.)

LETTRE

SUR

L'HISTOIRE DE DONNEMARIE.

Madame,

L'histoire, habillée par Mézerai comme Colbert voulut que Mézerai habillât l'histoire, est, sans contredit, une grande et noble dame dont les atours de velours et de satin, dont la couronne d'or et de rubis sont assurément très beaux et très riches ; mais je n'aime pas les masques, et cette magnifique parure n'est autre chose, à mon avis, qu'un élégant travestissement.

La vérité, elle, marche toujours toute nue, comme vous le savez, madame.

L'histoire, revêtue d'un royal manteau, fait de la gravité, marche fière et prend des airs de reine ; aussi la vérité ne saurait plus l'accompagner. Fi donc ! la vérité n'a ni grandes ni petites entrées au Louvre ; là, trop de gens rougiraient à son aspect, leur pudeur s'effaroucherait en l'y voyant aborder sans masque, sans voile, sans la plus légère gaze ! Et la vérité, depuis bien longtemps, ne s'y montre plus, ou ne va guère, d'ailleurs, que là où l'on est bien reçu, et ce n'est pas dans les palais que la vérité est bien accueillie ; je crois même, si je ne me trompe, qu'elle en a été ignominieusement chassée, avec injonction formelle de n'avoir plus à s'y représenter.

Elle a dû obéir, et elle a obéi. Que faire contre la force ? Souffrir et se taire. C'est au moins ce que nous faisons, nous, faible humanité ; mais si la vérité souffrit, elle ne souffrit que pour n'avoir pas voulu garder le silence, elle accepta l'exil du château et refusa constamment ses bâillons d'or. Les robes étincelantes de pierreries n'eurent aucun attrait pour elle ; elle resta nue, sans fard et sans toilette ; elle ne vendit pas ses paroles et conserva son droit de parler sans réserve ni réticences, hors des murs du palais, il est vrai ; mais elle s'en consola aisément ; le reste de la terre était encore assez grand, sa part encore assez belle : elle s'en contenta.

L'histoire fut de meilleure composition : avec des pensions, des diamants, des legs, des donations, on lui fit dire tout ce qu'on voulut ; Charlemagne fut un saint homme. Qu'ai-je dit? il fut saint deux fois! et Dieu sait que ce n'est pas le seul ni le plus grand mensonge que l'histoire ait dit.

L'histoire, à la merci des grands, devint singulièrement aristocrate ; elle sembla se complaire à nous chanter, sur tous les tons, les rois, et toujours les rois ; le pays rarement, le peuple jamais. Son style semble s'émousser sur un nom plébéien, mais elle grave sur l'airain et sur le marbre, elle grave sans relâche le nom de ces grands barons, de ces nobles guerriers de grands chemins, qui, pour la plupart, ne furent que de grands brigands, dont, certainement bien à tort, les descendants s'honorent trop de porter le nom, car il n'y a vraiment pas de quoi ; mais l'histoire s'attache à nous prouver le contraire, et cela suffit, nous devons le croire ; assez d'or a été dépensé pour nous le persuader. Les roturiers n'ont pas d'or, eux, ils n'ont que du courage, de l'honneur, de l'espérance en Dieu et du sang dans les veines. Ce n'est pas assez! L'histoire n'a pas une parole pour eux. Meurs, meurs, brave paysan, assez d'autres de ton espèce te suivront et prendront successivement ta place, assez d'autres ont, comme toi, de l'honneur, de la foi et du courage ; ce n'est pas chose rare que tout cela parmi tes pareils. As-tu incendié telle ou telle cité ? as-tu volé ton hôte, souillé sa couche, violé sa fille ? as-tu acheté une branche de laurier par le sacrifice de quelques milliers d'hommes offerts au dieu des combats ? Non ! Et tu veux, misérable, que l'histoire te consacre une page, te tresse des couronnes ! Y penses-tu ? Tu n'as laissé qu'un bras sur le champ de bataille, tu n'as légué que trois défenseurs à la patrie, tu n'as donné que la moitié de ton pain aux pauvres, tu n'as été qu'un simple honnête homme : tout cela ne fait pas un héros ; il te manque encore beaucoup, il te manque tout : il te manque de l'argent ! Meurs, meurs, et à d'autres !

Tant il est vrai, madame, et c'est fort triste à répéter, que le poëte eut raison de dire :

« La vertu sans argent est un meuble inutile. »

Il est bien certain qu'avec de l'argent, la célébrité devient chose à peu près facile, et qu'on trouve, pour soi, des louangeurs à gages, et, pour les autres, des *insulteurs* à tant la ligne ou à tant l'injure ; la cour, la ville, la chaire, la tribune, le théâtre, le barreau, nous en offrent de fréquents et déplorables exemples, que les journaux — et les journaux, c'est l'histoire!—enregistrent chaque jour à tort et à travers, selon qu'ils sont plus ou moins payés, soit pour, soit contre, et n'importe la couleur de la cocarde.

Il est bien certain encore que le plus obscur citoyen qui, trouvant un trésor, le jetterait, en tout ou en partie, dans l'un des bassins de la fameuse balance dont on veut nous faire croire que l'histoire se sert pour peser et tarifer ensuite le mérite, réel ou faux, de ses grands hommes ou prétendus grands hommes, il est bien certain, disons-nous, que ce citoyen obscur, mais financier, serait fêté, louangé, prôné, chanté à l'égal d'un demi-dieu ou d'un dieu complet, et, comme César ou Napoléon, serait couronné par l'histoire de palmes et de lauriers. Fi! la laide!

Est-ce que l'histoire n'aurait rien de mieux à faire, est-ce que l'histoire n'aurait pas quelque chose de mieux à nous chanter? Moi, je crois bien que si!

Et vous le croyez aussi, Rita, n'est-ce pas? Oui, et vous avez raison de le croire.

L'histoire, voyez-vous, à part son orgueil et sa

cupidité, a quelquefois d'excellentes intentions ; sa nature est très bonne, et si n'était son entourage, elle chanterait, j'en suis sûr, comme vous et moi nous voudrions qu'elle chantât. D'ailleurs, il faut le reconnaître, cela lui est déjà arrivé quelquefois, selon les gens qu'elle visitait. L'histoire est cette cire molle qui reçoit volontiers toutes les empreintes, ce miroir qui reflète la physionomie plus ou moins grave, plus ou moins drôle de tout ce qui l'approche ; enfin l'histoire justifie parfaitement le vieux proverbe :

> Dis-moi qui tu hantes,
> Je te dirai qui tu es.

Et je l'ai vue chez moi, Madame, chez moi, où la fortune n'a jamais pénétré ; chez moi, où les habits brodés ne montent jamais ; je l'ai vue en jupon court, en blanc corset, en déshabillé enfin, et, certes, elle n'en était pas plus mal, je vous assure.

Chez moi, nulle puissance, la puissance de l'or surtout, ne pouvait la contraindre à farder son langage ni à se revêtir de ces brillants joyaux qu'elle ne montre guère que moyennant une petite rétribution. C'est alors que ses pompeux discours se transformèrent en joyeuses causeries, bien simples, bien naïves et bien moins ennuyeuses que ces pages soporatives qu'elle a si souvent dictées à ses nombreux secrétaires.

Et, dans les longues soirées d'hiver, les pieds sur les chenets, la tête sous le manteau de la cheminée, j'eus quelquefois grand plaisir à l'entendre conter, et puis conter encore, dans le plus délicieux babil, des anecdotes bien vulgaires et pourtant bien intéressantes sur quelques bien chétives bourgades ou sur quelque bien humble héros. Et, je l'avoue, j'ai des goûts très roturiers : j'ai toujours préféré à la noble châtelaine, qui ne marche qu'à pas réguliers et bien comptés, à la grande dame, dont le sein est esclave dans une cuirasse, qui n'ose pour ainsi dire se remuer de crainte de briser les godrons de sa collerette ; j'ai toujours préféré, dis-je, la jeune fille à la vive allure, qui rit sans cesse, qui court toujours, dont le vent soulève les cheveux blonds, fait voltiger l'écharpe bleue, et gonfle, en se jouant, les plis souples et moelleux de la robe légère et blanche.

Allez, illustres princesses, domptez vos fiers coursiers ; le cor retentit, la trompe de chasse vous appelle au sein des forêts. Allez affronter le péril ; faites la guerre à l'hôte farouche de la caverne. C'est très bien, c'est très beau ! Mais c'est une bien jolie chose aussi que cette sylphide qui, comme un papillon, voltige incessamment du muguet au myosotis ! Oui, c'est chose bien jolie, et, pour mes goûts, c'est un tableau que j'aime beaucoup mieux que l'autre. On ne peut pas changer ses goûts, et, je viens de le dire, j'ai les goûts bien roturiers. Qu'y faire?

Vous m'avez demandé, Madame, dans un temps déjà assez éloigné, et qui me le semble d'autant plus que, depuis, j'ai perdu tout espoir de vous revoir; vous m'avez demandé en quelle ville le Créateur avait bien voulu, de son souffle, animer la pauvre créature à laquelle votre généreux cœur accordait un si bienveillant intérêt, et je vous l'ai dit, Madame, dans une petite bourgade bien obscure je naquis, bien obscur aussi. Mais, par une belle soirée d'hiver, je vous fis observer que, sous un ciel tout de fer, l'étoile était plus scintillante ; aussi vous connaissez ma devise : « Plus grande est l'obscurité d'où je sors, plus grand est mon éclat. » — Une étoile d'or en champ de sable ! — C'est un peu fier, m'avez-vous dit. — Eh ! mon Dieu, je serais bien plus fier encore si l'on m'avait laissé grandir ; mais le cèdre ne saurait se développer dans une serre. Le malheur m'a toujours étreint la gorge : je ne pouvais que mal chanter.

Mais revenons à ce que vous me demandiez, revenons à la chétive bourgade où je naquis. Je vais vous dire ce que l'histoire m'en apprit ; ce ne sera pas bien long et ce sera bien simple. Vous savez, je viens de vous l'apprendre, comment l'histoire parle avec moi.

C'est dans une capitale que mes yeux s'ouvrirent pour la première fois ; mais, vous le savez , Madame, il y a capitale et capitale, comme il y a royaume et royaume, comme il y a fagots et fagots ; et, sans vouloir faire tort à vos connaissances géographiques, je crois que vous pourriez chercher longtemps, sans la trouver, la capitale du Montois sur la carte de France !

Le Montois, lui-même, est une province que personne ne connaît, et que je ne connais guère, moi, naturel de ce point ignoré. Aussi, serais-je fort embarrassé s'il me fallait en préciser, sinon la position, du moins les limites ; et, je vous le dis en vérité, j'ai fait de grands efforts, de longues recherches, de bien ennuyeuses lectures pour les découvrir, et je n'ai pu y parvenir !

Le Montois ne pouvait avoir grande étendue : il appartenait à la couronne, dont certes il n'était pas le plus beau fleuron, et touchait à la Champagne, à la Brie, à la Bourgogne, au Gâtinais et au Hure-

poix. Donnemarie, villette dont les murailles, éle-
vées sous François Ier, ne renferment que 1,200 habitants, Donnemarie en était la métropole. Jugez
par l'importance de la ville-mère de l'importance
des colonies.

Quoi qu'il en soit, à deux myriamètres et à moitié
route de Montereau à Provins, à même distance de
Nangis et à un myriamètre environ de Bray-sur-
Seine, le voyageur, de quelque côté qu'il arrive,
descend une riante vallée et aperçoit, sur le versant
de la colline, une jolie petite bourgade en amphi-
théâtre, que domine une longue flèche s'élançant
assez hardiment dans les airs. C'est mon berceau,
c'est mon clocher!

Mon clocher n'a pas la magnificence du vôtre,
ma belle Rita ; il existe une bien grande différence
entre l'église de Donnemarie et la cathédrale de
Strasbourg. Aussi la belle cité où vous deviez
naître est-elle célèbre à plus d'un titre ; mon hameau n'a aucune célébrité.

Il n'est pas, cependant, que dans les nombreuses
générations qui se sont succédées à Donnemarie, on
ne rencontre, mais en fort petit nombre, il est vrai,
quelques épisodes dignes des pinceaux de l'histoire,
puisque c'est l'histoire elle-même qui me l'a dit.
Il m'appartenait de les recueillir, et c'est ce que j'ai

ians. Je ne pouvais faillir à ma mission, mais je ne saurais vouloir, ici, parcourir les dix-neuf ou vingt siècles d'existence qu'on nous donne ou qu'on nous prête, car quelques écrivains, au préjudice de Sens et de Provins, veulent absolument que Donnemarie soit l'ancien *Agedincum*. [1] Pour ma part, je n'en crois rien, bien que je sache que la charrue a souvent soulevé dans nos guérets des médailles et des statuettes antiques, qu'on ait découvert des *tumuli* et des voies romaines. Tout cela est vrai, très vrai, mais je ne chercherai pas la gloire dans l'asservissement de nos pères et peut-être dans leur lâcheté. Il est de ces choses qu'on s'avoue à soi-même, mais qu'on ne dit pas. Les Romains nous ont vaincus, nous ont faits leurs esclaves, nous ont contraints à les aider à vaincre nos compatriotes. Où donc est l'honneur? où donc est la gloire? Pourquoi donc s'énorgueillir de son avilissement? On ne doit pas pas se vanter de cela.

Si je voulais, je pourrais bien certainement, Madame, vous faire une bien longue dissertation sur l'antiquité de mon pays, basée sur l'*Agedincum* de

[1] Ou *Agendicum*. — Ainsi écrit, à tort, et pour la première fois, par Scaliger.

(ADRIEN DE VALOIS)

César ; cela pourrait être fort beau et très ennuyeux, mais le cadre d'une lettre ne me permettrait pas d'épuiser la matière. Libre à nous de sabler un verre de vin de Champagne, mais il nous est interdit de tarir la futaille.

Je vous ai fait connaître la position de ma capitale, capitale en miniature, car on n'y compta jamais de grands édifices et jamais il n'en sortit de grands hommes. Toutes choses s'y proportionnèrent les unes sur les autres. L'Ill et la Bruche serpentent au pied de vos palais, et le Rhin mugit au pied de vos bastilles. Chez nous, au pied de nos humbles habitations, un petit ruisseau roule ses flots légers en murmurant, et, concurremment avec un de ses frères qui descend de la montagne voisine, encadre le long tapis d'une prairie qui se déroule au soleil levant.

« Rien n'est si beau
« Que mon hameau !

Rien de plus délicieux que ce charmant vallon, où se groupent à la fois l'or des moissons, l'argent des eaux vives, l'émail des prairies, la riche draperie des bois et le rideau pourpré des treilles ! Car, là, tout cela est réuni, tout cela charme les yeux en même temps, tout cela ravit, enchante ; là, l'air est pur, le ciel est bleu, la colline est de velours et d'émeraudes, et là, là est mon pays, mon joli pays, là est Donnemarie !

A qui le voit pour la première fois, le tableau qu'il offre aux regards doit être merveilleux, surtout alors que l'étranger qui y descend a traversé les plaines de la Brie, qui, de tous côtés, ne présentent qu'une longue et fatigante uniformité. La Brie, sans doute, étale de grandes richesses : c'est la beauté d'un coffre-fort ; mais le Montois ! c'est la nature coquette, parée, gentille et jeune. C'est l'éclat d'un écrin : Donnemarie est un joyau !

En babillant ainsi, l'histoire me fit écrire beaucoup de pages qui ne contiennent que fort peu de choses. Je vous en ferai grâce ; j'abrégerai. Or, que nous restera-t-il, puisque je n'ai pas de beaux édifices à vous décrire, puisque je ne peux vous faire le portrait ni de nos guerriers, ni de nos savants, par la raison que nous n'en avons jamais eus ? Que nous restera-t-il ?

L'émulation a, parfois, enfanté des prodiges, et je suis convaincu que si un grand homme avait surgi dans nos familles, bon nombre de ses compatriotes eussent voulu l'imiter, et cent fois, dans ma vie, j'ai désiré être celui-là pour illustrer les murs qui m'ont vu naître. Qu'en dites-vous, Rita ? En voilà du patriotisme ! Mais que vous dirai-je, à vous, coquette, qui ne seriez pas fâchée non plus d'être l'amie d'un grand homme ; que vous dirai-je ? Si cela m'avait été possible, Donnemarie n'aurait plus rien à envier aux autres villes, et pour vous plaire vous ne m'auriez revu, madame, que le front ombragé d'une couronne de lauriers. —Il n'y en a pas pour tout le monde ; — le ciel est demeuré sourd à mes vœux ardents, et mon pauvre pays est destiné à rester longtemps encore enseveli dans son obscurité.

Dans une ville de guerre, tous les enfants jouent à la guerre : vous avez déjà lu cela quelque part. Il leur faut des tambours, des sabres et des fusils ; tous veulent être l'empereur. Voilà une pépinière de héros !

Dans une ville monacale, tous les enfants portent des croix, des bannières, des cierges, font des chapelles, sont enfants de chœur, jouent au prieur, à l'abbé. Voilà une pépinière de capucins ! Ce n'est guère parmi ceux-ci qu'on trouvera de bons soldats, et ceux du Pape ont même une assez mauvaise réputation.

Les Donnemaritains ne furent jamais guidés à la guerre par quelques uns de ces intrépides barons qui remplissaient le monde de leur renommée, et dont le nom se rencontre partout où nous cherchons de grands modèles de vaillance.

La baronnie de Donnemarie, mouvant et relevant, en plein fief, du domaine du roi, à cause de ses château et comté de Melun, dont elle faisait partie, fut donnée à Monseigneur Saint-Martin de Tours par le sage et riche Charles V, à condition de foi et hommage envers le roi.

Les chanoines de ce chapitre possédaient déjà des biens considérables à Donnemarie, puisque en 1290, Philippe-le-Bel, leur royal prieur, après avoir supprimé la communauté de bénédictins qui y existait alors, leur en donna les vastes bâtiments, les prés, les bois, les vignes et les rentes, à condition de bâtir une église nouvelle sur l'emplacement d'une autre, dont les matériaux leur serviraient.

Cette église est celle que nous voyons. — Je vous en parlerai tout à l'heure.

Or, Messieurs les chanoines de Saint-Martin de Tours savaient très bien faire des processions, des confitures, des reposoirs, des liqueurs; et la place *des Jeux*, qui se voit encore aujourd'hui devant leur ancien château, témoigne assez qu'ils se plaisaient aux représentations grotesques des mystères et aux parades des baladins et des jongleurs.

Mes chers compatriotes sont essentiellement imitateurs ; aussi disais-je, et j'avais raison, que c'était vraiment dommage qu'un Napoléon ne fût pas sorti de nos murs. Tous auraient voulu être empereurs! Aussi est-ce en partie ce qui me fait croire que Donnemarie ne fut jamais *Agedincum ;* jamais César ne dut passer chez nous.

Mais, en opposition, on s'aperçoit parfaitement bien du passage de Messieurs de Saint-Martin de Tours. On sait faire à Donnemarie des tartes, des galettes, des confitures et des liqueurs en perfection ; la procession de la Fête-Dieu est superbe, les reposoirs sont magnifiques.

Longtemps la *messe de l'âne* fut chantée dans toutes les églises de Provins ; Donnemarie en est bien peu éloigné ; le saint usage de la messe de l'âne dut s'étendre jusque-là, et mes défunts compatriotes y faire très bien leur partie.

On dut aussi y chanter *la messe des fous,* et je crois qu'ils devaient encore y être assez bien placés : car les bouffonneries du carnaval, dans lesquelles ils excellent, doivent être une imitation de la bouffonnerie religieuse de ces temps grossiers.

L'histoire, je vous l'ai dit, Madame, ne procède pas avec moi comme avec tout le monde ; elle court.

elle saute, et, en deux enjambées, nous voilà arrivés en 93. Vous allez voir la petite ville, parodiant la grande cité, imiter tous ses excès, et la farouche époque la trouver aussi farouche qu'elle...

Hélas! hélas! pourquoi l'histoire eut-elle à me dicter de semblables pages?

Toujours amoureux des mascarades, la grande révolution trouva mes compatriotes affublés de costumes guerriers; ainsi déguisés, nos grands amateurs de toute mode et de tout carnaval s'imaginèrent être devenus subitement des héros, et jouèrent à la bataille comme des soldats naturels, armés qu'ils étaient de piques et de bâtons!... Peste!!

A cette époque, bien terrible, comme chacun sait, une partie du peuple français fut frappée d'aliénation mentale, avec accès de fureur dégénérant en imbécillité, dont les crises et les redoublements se représentaient, sous mille différents aspects, à des intervalles très rapprochés : et la maladie sévit d'une manière atroce sur ces grandes marionnettes, descendant, en ligne directe, de celles de la fête des fous ou de la fête de l'âne!... Cela devait être.

Chez la plupart, les symptômes du mal s'annonçaient par la frayeur, et, pour calmer ce premier mal, dont on ne guérit guères, les hommes employaient le plus ordinairement le remède commun

2

aux enfants : ils chantaient ou criaient bien fort pour s'étourdir, et tel qui avait peur de son voisin tâchait, en grossissant sa voix, d'effrayer celui-ci pour n'avoir point à le redouter.

Alors, on se donnait bien de garde de blâmer les niaiseries et les ridicules de ses concitoyens, on ne voulait fâcher personne, et puisque, partout, la liberté était proclamée, chacun n'était-il pas libre de tout faire sans qu'aucun y pût trouver à redire? Mais sans doute..., sans aucun doute!!... Aussi en usait-on fort largement; on enchérissait les uns sur les autres. C'était pour le mieux, et les frères et amis en agissaient, entre eux, comme, en 1814, quelques matamores français en agirent avec les Cosaques, qui pillaient notre or, buvaient notre vin, et auxquels ils faisaient encore des politesses, semblant, par un sourire plein de gracieuseté, applaudir aux prouesses de cette dégoûtante vermine qu'un vent fatal avait jetée chez nous.

Un moment les pauvres fous de ces temps d'aveuglement s'imaginèrent de nier Dieu et de faire la guerre à quiconque ne partageait pas leur opinion à cet égard; il y en eut beaucoup-beaucoup qui payèrent de la vie leur entêtement à ne pas croire que Dieu pouvait tout à coup avoir cessé d'exister. Cela intimida un peu les autres, et ceux qui restèrent le chef sur les épaules crièrent à pleine tête : « Vous avez raison! il n'y a pas de » Dieu! Vive la raison! je-renie-Dieu!! »

Ce principe une fois posé, et si clairement démontré qu'il ne pouvait y avoir doute, on dut songer tout naturellement que, puisque Dieu n'existait pas, il n'avait pas besoin de maison : c'était rationnel, et l'on y songea. En conséquence, ici, l'on abattit la maison de Dieu et l'on en vendit les pierres; là-bas, on en fit une écurie; plus loin, une salle de bal ou de spectacle. Ailleurs, le tabernacle fut transformé en garenne; dans une autre église, on établit un atelier de salpêtrier, et l'on chargea le pinacle de cette redoutable inscription :

> « Tremblez, tyrans,
> » Ici l'on forge la foudre!! »

A Donnemarie, où l'on n'a point inventé la poudre, on se soucia peu d'en fabriquer, les piques et les bâtons n'en réclamant pas; on se contenta de brûler les bannières, les guidons, les ornements sacerdotaux; de briser les statues, et de planter à l'entrée du Saint des Saints un autel de la patrie autour duquel, et au son de deux violons grinçants et d'un aigre violoncelle, on chantait, en dansant en rond, des hymnes républicains qu'on ne comprenait pas.

L'autel de la patrie élevé, celui de l'homme-Dieu devait tomber en poussière, et l'un des grands-prêtres du nouveau culte leva le marteau brutal du vandalisme sur l'autel de Jésus-Christ, et l'on battit des mains : Bravo ! bravo ! bravo ! !

Mais le philosophe, l'esprit fort, l'homme à grand caractère, qui voulait pulvériser ces restes ridicules, selon lui, d'une religion, disait-il, absurde et méprisée ; le citoyen aux idées fortement trempées ne donna guères, néanmoins, qu'un ou deux coups de marteau, dont les marques seront éternellement gravées, à sa honte, sur la vénérable table ; et soit que ses mains fussent trop tendres, soit que le marbre fût trop dur, la pierre repoussa le fer, et le nouveau fléau de Dieu, le fier Attila de campagne eut peur ; il trembla que l'Éternel ne pût, en effet, exister, et ne lui en administrât immédiatement la preuve par un tout petit prodige qui fît seulement croûler la voûte sur sa tête impie, et son bras s'engourdit, son courage s'attiédit, son visage pâlit, et son beau projet demeura sans autre exécution.

Et l'autel est toujours debout.

Et sur les degrés du monument religieux, qu'il

avait profané, le froid sceptique, au retour des *fils de Saint-Louis,* avait hautement déclaré qu'il s'était trompé, et que, désormais, il consentait très volontiers à ce que Dieu fût, qu'il voulait que tout le monde vécût, et, depuis ce temps-là, Dieu ne s'en fit faute, et c'est, ma foi! bien heureux, n'est-ce pas, Rita?...

Que de saints monuments ont été renversés, que de mains sacriléges ont souillé le sanctuaire, que de gens ont renié Dieu, qui, plus tard, ont baisé le pavé de ses temples! J'ai vu de ces gens-là, moi, et en grand nombre même, dans le peu d'habitants de ma petite bourgade que la Restauration retrouva plus dévôts encore que les dévôts princes qu'elle nous ramenait, et qui, passés de la démocratie à l'aristocratie, se trouvaient tout à coup plus royalistes que le roi.

Les Français, en général, aiment assez à se modeler sur leurs princes, et les Donnemaritains, en particulier, à se modeler sur tout le monde, et sur les travers de chacun, au fur et à mesure que chacun, par des travers nouveaux, fait oublier ses travers anciens.

Si quelqu'un me disait que dans des temps bien éloignés, à la sortie de l'arche, par exemple, une famille de singes serait venue s'établir où se trouve aujourd'hui Donnemarie, je n'en serais pas du tout étonné, tant l'esprit des habitants modernes me semble avoir de rapports directs avec celui de ces prétendus anciens habitants, lesquels, par la civilisation, le croisement des races et différentes métamorphoses, seraient devenus des hommes tels que nous les voyons aujourd'hui ; en vérité, je le croirais.

Je vais encore vous en donner une triste preuve ; écoutez bien, madame :

C'était alors que la France, jetée dans une mer de sang, y nageait avec peine, tout près de s'y noyer.

Paris accrochait ses *suspects* à la lanterne.

Donnemarie, qui, alors, n'avait pas de lanternes, et qui voulait, orgueilleuse grenouille, se faire aussi grosse qu'un bœuf, Donnemarie, qui tenait absolument à singer Paris, Donnemarie eut ses suspects, qui, à défaut de réverbères, furent accrochés aux piliers de sa halle !...... Les singes étaient devenus des tigres !......

L'affreux sacrifice allait s'accomplir..... Déjà la victime, pendant au lien fatal, avait été lancée dans l'éternité par un peuple en délire, qui, juge et bourreau, se vengeait, hurlait-il, d'un crime capital, d'un crime de lèse-nation !....

C'était, en effet, un crime capital alors, c'était grand crime au pauvre homme de ne vouloir vendre à perte quelques marchandises de son état !... L'infortuné *Lécuyer* était meunier, et le peuple n'avait pas de pain !

Les pleurs, les cris, le désespoir du malheureux ne purent désarmer la fureur de ces forcenés, avides d'un spectacle nouveau ; ils aiment les spectacles, il leur en faut un, ils l'auront : *Lécuyer* est pendu.... Horreur !

—Arrêtez ! arrêtez, misérables ! arrêtez ! Ne vous déshonorez pas ; vous commettez un lâche assassinat ! Arrêtez !

Et ils continuaient toujours.....

Ils dansaient autour du pendu, quand, fendant la foule, renversant autour d'elle tout ce qui s'oppose à son passage, une jeune femme, armée d'un large couteau, atteint enfin l'horrible gibet, s'exhausse du premier objet qu'elle rencontre, et, fière, courageuse, sourde aux menaces des cannibales dont elle est entourée, elle saisit la corde, en tranche le nœud, et le meunier est délivré.

— Délivré !

— Non ! hélas ! non. Le patient, ressaisi par ses bourreaux, est de nouveau attaché à l'instrument de mort.

— O mon Dieu ! mon Dieu ! Il va expirer !......
Ah !..... il expire !....

— Non, non ; sa libératrice, harcelée de tous
côtés, honnie, conspuée, injuriée, frappée, n'en
poursuit pas moins la noble tâche que la charité
lui impose..... La mort laisse encore échapper sa
proie, et Lécuyer, la face dans la poussière, im-
plore la pitié de ses farouches assassins.

Et les monstres rient, ils blasphêment, et la généreuse femme est foulée aux pieds !....

Mais elle se relève, mais elle se dégage de leurs
étreintes de fer, mais elle s'élance avec fureur vers
la fatale colonne, et, pour la troisième fois, l'agoni-
sant est rendu à la vie !...

Quelle lutte !

Seule contre tous !

Qu'elle est belle, cette femme ! qu'elle est
belle !

Tant de courageuse piété, tant d'admirable per-
sévérance n'ont pu vaincre la barbarie des vau-
tours à figure humaine qui disputent à la faible
femme le cadavre du pauvre meunier ; et, exté-
nuée de fatigue, le front ruisselant, pâle, anéantie,
renversée au pied du pilier maudit, elle y voit
hisser, pour la quatrième fois, la victime, qui, ne
croyant plus à la vie, se résigne à la mort ; et l'é-

nergie lui manque enfin à la femme sublime ! Elle s'éteint, elle est usée, son énergie surhumaine ! Mais son courage ne l'abandonne pas, mais sa charité est toujours ardente et vive ; il ne lui reste plus qu'un peu de force dans l'âme, et elle prie ; il ne lui reste plus que quelques paroles, et elle en défend l'innocence. Le martyr peut encore entendre cette voix déchirante qui, avec de pénibles efforts, crie à Dieu, aux hommes et toujours : Grâce ! grâce ! Mais sa voix n'est plus entendue que de Dieu et du martyr, et le martyr, désormais sans espoir sur la terre, s'envole au ciel plein de reconnaissance, les yeux fixés sur elle, de qui les yeux en pleurs restent fixés sur lui !

Mais c'était donc sa mère ? allez-vous dire, ma belle Rita ; c'était donc sa sœur, c'était donc sa femme, c'était donc sa fiancée ?... Non ! non, Madame ; ni le sang ni l'amour n'ont élevé cette femme au-dessus des autres femmes : la charité seule en a fait une héroïne !

Et croyez-vous, Madame, que, des rois et des reines, l'histoire aurait pu trouver quelque plus bel épisode à me raconter ? Non ! Et pourtant cette femme, que j'ai connue, moi, cette femme n'était que l'épouse d'un humble hôtelier, au nom bien obscur, au nom roturier comme le sien. Mais la noblesse est-elle plus grande, la noblesse est-elle plus héroïquement généreuse qu'une roture ainsi trempée? Non! A genoux donc, Donnemaritains, à genoux! Imitez-moi, gens imitateurs, je me prosterne devant l'épouse d'Ambroise *Mangeon*, devant le nom de Marie-Anne *Gigot*. Je suis fière d'être né sous le ciel qui la vit naître.

Comme moi, ô mes compatriotes, glorifiez-vous-en, et puissiez-vous tous, — et alors, moi aussi, je tâcherai de vous imiter, — puissiez-vous prendre pour modèle cette femme qui fait honneur à l'humanité tout entière !

Là haut, en dépit des casseurs de cloches et des philosophes de 93, il est un Dieu qui récompense toutes les vertus : Marie-Anne Gigot est assise à la droite de Dieu !

Et je suis bien heureux, Madame, de pouvoir citer à la gloire de mon pays une action si belle-si belle, que je ne saurais trouver d'assez belles paroles pour exprimer l'amour, la reconnaissance, le respect et l'enthousiasme qu'elle m'inspire. Vous suppléerez à mon insuffisance, vous, Rita, dont le cœur est si grand et si noblement poétique, vous admirerez notre héroïne ; vous aurez un éloge, un soupir pour elle, tandis que la plupart des Donnemaritains l'ont déjà oubliée! Ah !...

c'est que de ce beau pays de France, qui nourrit le peuple le plus frivole de la terre, les gens les plus frivoles sont les gens de mon pays !

Et, en effet, baptême, enterrement, mariage, garde nationale, immondices du carnaval ou fleurs de la Fête-Dieu, tout est spectacle pour eux. Ils s'oublient, ils oublient leurs devoirs, les convenances, les affaires ; ils ne songent plus qu'à leurs plaisirs : on les conduirait, je crois, au crime avec une bande de violons.

C'est fort triste !

La gaîté de ces gens-là est vraiment affligeante. J'en ai bien du chagrin, en vérité !

Le poète, vous le savez, Madame, est doué de la seconde vue ; il voit avec les yeux de l'âme, et, souvent, en parcourant les galeries ruinées de nos anciens monastères, je me suis vu entouré de moines, je me suis vu entouré de nonnes ; en foulant la terre du cimetière, j'ai vu se lever de leur couche humide tous les patriarches du village, toutes les générations passées. Il y avait là de grands enseignements ! Je vous raconterai, tout à l'heure, une de ces grandes scènes nocturnes dont je fus spectateur le 2 octobre 1842. Mes compatriotes, les esprits forts qu'ils sont, ne voudront y voir que le cauchemar d'une imagination vagabonde et déré-

glée, parce que ce récit sera la satire de leur lé-
gèreté ; mais c'est à vous que je conte, Madame :
c'est de l'histoire, et vous apprécierez.

Avant de vous dire mes vers qui, vous le verrez
bien, Rita, ne valent pas, à beaucoup près, ceux
que notre poète Méry vous a adressés, permettez-
moi d'entrer dans quelques détails qui les justifient
et en faciliteront l'intelligence.

Vous savez que *Simon de Brie* naquit à *Monpain-
cien*, hameau dépendant de Mormant, et situé à
quatre myriamètres de Donnemarie ; vous savez
aussi qu'il fut élu pape sous le nom de Martin IV ;
mais ce que vous ignorez peut-être, c'est que son
frère, *Gilles de Brie*, fut grand-maire de la capitale
du Montois. C'est au temps de son administration
qu'on bâtit notre église.

Vous savez encore qu'un frère du saint évêque
de Rome, espérant faire fortune au Vatican, où trô-
nait son respectable aîné, se hâta d'aller faire sa
visite intéressée au souverain pontife, mais que le
Saint-Père s'en débarrassa immédiatement, en lui
comptant seulement quelques pistoles pour ses frais
de voyage , auxquels il ajouta le don de sa béné-
diction et cet avis charitable, qui en valait bien
un autre, que, père commun qu'il était de la
grande famille des Chrétiens, il ne pouvait don-

ner plus aux uns qu'aux autres de ses enfants.

Ce que vous savez parfaitement bien, c'est que ce pape était notre Martin IV. Ce que vous ignorez probablement, c'est que ce frère ambitieux était Gilles de Brie, grand-maire de Donnemarie.

Et Gilles de Brie, honteux et confus, ne s'inquiéta guère de faire un cours d'archéologie à Rome, il s'en revint toujours courant à Donnemarie, où il s'attacha à se faire aimer de ses administrés, en faisant respecter les vivants et les morts.

Comme vous le voyez, il y a bien longtemps de cela ! cinq cent soixante années se sont écoulées ! En succédant au frère du pape, s'est-on toujours attaché à l'imiter ? Vous verrez bien.

L'église de Donnemarie est donc de la fin du XIIIe siècle ; le champ qui l'avoisinait fut converti en cimetière, que l'édifice longe au midi ; au levant est une muraille, au nord et au couchant les arceaux d'un ancien cloître.

Par dessus le mur oriental du cimetière se voyent de beaux bâtiments élevés sur de vastes souterrains. C'était, au XIIe siècle, un couvent de bénédictins, le même qui fut donné par Philippe-le-Bel au chapitre Saint-Martin de Tours.

En possession des biens de cette communauté, MM. les chanoines de Saint-Martin en vendirent les bâtiments et se firent construire un château plus commode et mieux situé.

L'une des salles du vieux monastère sert aujourd'hui de salle de bal, ses fenêtres ouvrent sur le cimetière.....!!

Vicissitudes des choses d'ici-bas !

Ainsi, la maison de la prière est aujourd'hui une maison de débauches et d'orgies......

Et, c'était un soir, il y avait grande affluence au bal, et je m'acheminais tristement vers le cloître antique au pied duquel j'allais prier sur un peu de poudre qui fut ma mère.... Les cris des danseurs, la voix des violons retentissaient sous les voûtes du vieux monument, et les yeux remplis des larmes de la douleur et de l'indignation, je m'écriai péniblement :

O Donnemaritains ! Vous dansez, ivres de luxure et de vin, où fut l'oratoire des hommes de Dieu ! Eh ! quoi, n'apercevez-vous point les ombres troublées de vos pères, que vous profanez la pierre de leurs tombeaux ? que, sans respect, vous portez l'impudicité jusque sous ce vieux cloître, qui pen dant huit siècles a vu tomber tant d'hommes devant ses arceaux toujours debout!! Et le vin coule à grands flots où le sang de l'agneau sans tache coula pour le salut du monde! Et ce champ, qui se déroule sous vos regards et dans lequel s'élancent les hurlements de vos lascives polkas, ne retentissait naguères encore que des sanglots de la famille éplorée et du terrible *Requiescat in pace!* Et vous brisez du pied les os de votre mère, et sous ce lierre séculaire, où vous portez le sacrilége, vous foulez la poussière de l'homme qui fit couler l'eau sainte sur votre tête, de celui qui, sur la terre, vous fit admettre au partage des biens du ciel!... C'est affreux!

Et ils ne m'entendirent pas! D'ailleurs je ne pouvais espérer de les vaincre, ils avaient de trop puissantes armes contre moi. La partie n'eût point été égale : les violons étaient pour eux! Quelques coups d'archet et mille auxiliaires se fussent levés comme un seul homme. Ils eussent combattu la république du sépulcre, et pères, mères, frères, sœurs, amis, tous les morts ; le respect, la religion et le défenseur d'une si sainte cause eussent infailliblement été foulés aux pieds des enragés danseurs.... Que faire? Je soupirai amèrement.....

Et comme je relevais la tête..... Écoutez-bien, Rita, écoutez ce que j'ai vu dans le cimetière, écoutez ce qu'on y disait :

> Et tu dansais, jeune fillette,
> Aux lieux où, jadis, je priais,
> Et de l'éternelle retraite

Hier encore, jeune fillette,
Tes pas troublaient la sainte paix !

Et quand tu foulais la poussière
De quelques pauvres gens pieux,
Ne savais-tu que la prière
Avait sanctifié ces lieux ;
Et que, sous un modeste emblème
Dans un humble pain confondu,
Chaque jour, ici, Dieu lui-même
Était, parmi nous, descendu ?
Et la valse aux légères ondes,
Aux voluptueux entrelacs
Sous tes pas, du maître des mondes
Effaçait la trace des pas,
Et dans de suaves nuages
De fleurs, de gaze et de rubans,
Tu tourbillonnais où des mages
Jadis tourbillonnait l'encens !
Ah ! tu méprisais, jeune fille,
La grande famille des morts !
Et de cette grande famille
Où les plus faibles, les plus forts,
Où les reines, où les bergéres,
Où l'esclave, où le conquérant,
Frères et sœurs, et sœurs et frères
Viennent s'asseoir au même rang,
De cette famille innombrable
Tu grossis le nombre à ton tour !
Te voici donc ? Un lit de sable

Remplace la couche d'amour!
Désormais tu pourras apprendre
Ce qu'au cercueil on peut souffrir
Quand le hautbois s'y fait entendre
Et réveille le souvenir !
C'est que mourir c'est peu de chose,
Va ! La mort n'est point sans appas ;
Mais, par elle, heureux qui repose ;
Et tu ne reposeras pas.
Chaque soir, folle, échevelée,
La valse en vain t'appellera,
Et sa ceinture déroulée,
Là-bas, sans toi, voltigera ;
Mais sa voix, rieuse et stridente,
Percera les ais du cercueil,
Et ricanera, l'insolente !
Sous les plis lourds de ton linceuil.
En vain tu voudras te soustraire
Au bruit d'un orchestre inhumain
Dont chaque son, ainsi qu'un frère,
A son frère donne la main,
Suit un autre son qui l'entraîne,
Entraîne celui qui le suit,
Formant ainsi la longue chaîne
Des longues heures de la nuit,
Et tu le sentiras descendre
Jusqu'à toi, cet affreux concert,
Qui sautillera sur ta cendre,
Qui l'éparpillera dans l'air,
Tu crieras ; mais, hors de l'enceinte,

Tout sera sourd à tes sanglots,
Le suaire étouffe la plainte,
Et la tombe n'a pas d'échos.
Ah! tu fus sans pitié, cruelle!
Tu subiras ta propre loi :
Ni prélude ni ritournelle
N'auront nulle pitié pour toi.
Tiens, entends-tu la troupe folle,
Parmi laquelle, encore hier,
Tu dansais, hautaine ou frivole,
Le regard doux, le regard fier,
Selon que voulait ton caprice.
Selon qu'aux brillants papillons
La rose entr'ouvrait son calice
Ou présentait ses aiguillons ?
Et les papillons infidèles
Ont oublié qu'hier encor
Sur ta pourpre, là, de leurs ailes,
Ils secouaient l'azur et l'or.
Ainsi tout passe, tout s'oublie :
On laisse l'onde à ses détours,
Que les tapis de la prairie
Ne bordent plus de leur velours.
Loin de tes compagnes légères
Déjà ton souvenir a fui.
Tiens, vois-tu, vois-tu? Les bergères,
Comme hier, valsent aujourd'hui.
Qui donc songe à toi, qui donc t'aime?
Qui cherche la reine du bal?
Une autre a pris ton diadême

Et ton amant est son vassal.
Ton amant se charge des chaînes
Qu'il a plaisir à se forger,
Heureux que la reine des reines
Lui permette de s'en charger.
Des reines, la reine c'est elle,
Ce n'est plus toi, — sache-le bien, —
Et des plus belles, la plus belle,
C'est elle encor ; — tu n'es plus rien.
Ah ! Ah !... Tu pleures, jeune fille ?
Jalouse ! Tu sais donc enfin
Qu'à l'âtre plus la flamme brille,
Plus la flamme touche à sa fin ;
Flamme vive est tôt flamme éteinte ;
Telle autre brille où tu brillais,
Et telle t'abreuve d'absinthe
Qui boit le nectar à longs traits,
Et bientôt boira l'amertume !
Chacun aura son tour de pleurs ;
Il n'est si bon vin dont l'écume
N'ait troublé les riches couleurs,
Et toi-même, heureuse du monde,
Vois combien fragile est l'espoir
Qui sur un beau matin se fonde
Pour la sérénité du soir !
Ainsi, par les plaisirs suivie
Dans un sentier de poudre d'or,
Tu crus ne pouvoir de la vie
Jamais épuiser le trésor,
Et quand, idole de ces rives,

Tu crus à l'encens éternel,
L'heure, en descendant des ogives,
A brisé l'idole et l'autel.
Adieu les guirlandes superbes,
Les festons ont dû se flétrir,
Et tu vas, sous les hautes herbes,
Souffrir ce que tu fis souffrir.
Toi qui de nos couches funèbres
Chassas tant de rêves si purs ;
Toi, qui du manteau des ténèbres
Perças les nuages obscurs
D'un silence rempli de charmes,
Tu ne connaîtras pas le prix,
Tu vas expier par tes larmes
Nos gémissements et nos cris !
Nous pleurions, nous, lorsque les voûtes
Du moutier que tu profanais
Retentissaient au bruit des joûtes
Où, sacrilége, tu joûtais.
Oui, nous pleurions sur tes misères,
La mort déjà planait sur toi...
La mort a de rudes colères !
La mort n'a de loi que sa loi !
A sa voix sourde et menaçante,
La voix du glas se mit d'accord
Quand la tombe, gueule béante,
Réclamait sa proie à la mort.
Et la faulx, brillant sur ta tête,
Renversa l'ivresse et l'orgueil
Cachant de blancs atours de fête

Sous de sombres atours de deuil.
Ainsi devait tomber l'impie
Qui, dans le temple du Seigneur
Traîna l'impudeur et l'orgie !
Et tu méprisais sa fureur !
Et Dieu te souffla dans la fange
Comme en l'air on souffle un cheveu.
De même qu'il y souffla l'ange
Qui se croyait plus fort que Dieu ,
Et tu dansais, jeune fillette,
Aux lieux où, jadis, je priais,
Et de l'éternelle retraite
Hier encor, jeune fillette,
Tes pas troublaient la sainte paix !

C'était naguère, au mois d'octobre ;
La lune éclairait faiblement.
Un soir et de honte et d'opprobre,
Vers l'urne qu'au loin tendrement
J'enveloppe de ma pensée,
J'approchais, plein d'un saint amour,
Devinant la cendre glacée
A laquelle je dois le jour.
C'était là que reposait celle
De qui, cent fois , je vous ai dit...
Oh !.. « si l'on en jugeait par elle,
On croirait que la mort choisit[1]. »
Au hameau, de tant de journées

[1] Épitaphe de ma mère.

Que la ville m'a su ravir,
Je pleurais les heures sonnées....
Et... j'invoquai le souvenir...
Emporté par sa voile active,
Des ans je remontai le cours,
Et ma mère, enfin sur la rive
M'apparut avec mes beaux jours ;
Et dans la volupté des larmes,
Ivre de peine et de plaisir,
Dans le chagrin cherchant les charmes
Qu'un cœur tendre y sait découvrir,
J'atteignais la fébrile extase
Qui ravit l'homme dans les cieux
Quand un voile de blanche gaze
Vint, soudain, s'offrir à mes yeux,
Alors un sombre scapulaire,
Jeté sur un froc en lambeaux,
D'un cloître huit fois séculaire
Franchit les gothiques arceaux,
Foulant les liserons modestes
Et les sauvages résédas,
De nos pères sensibles restes
Nés de l'insensible trépas,
Et d'étincelles radieuses
La luciole, par milliers
Au brun corset des scabieuses
Appendait les luisants colliers,
Et quand de son haleine chaude
Je vis se former et jaillir
Les feux de la verte émeraude

Et les flammes du bleu saphir,
Le froc noir sur la gaze blanche
Se penchait au bord du chemin
Comme le cyprès qui se penche
Sur une touffe de jasmin ;
Soudain la voix de la trompette
Sous les arcades retentit,
Au loin un vieil écho répète
Ce qu'un autre écho lui redit,
Et, pécheur, glacé d'épouvante,
Je crois voir sortir du charnier
Les morts que la trompe éclatante
Appelle au jugement dernier.
Et l'eau ruisselle sur ma face :
L'affreux cortége, devant moi ,
Incessamment passe, repasse ,
Double incessamment mon effroi ,
Va, vient, se grossit, se déroule,
S'agite, et bientôt tout l'enclos
N'offre qu'une masse, une foule
D'os qui, mèlés à d'autres os
Sans nom, sans rang, sans préséance,
Suivent tous un même sentier !
Tel noble, de par la naissance,
De par la mort, est roturier !
Tous marchaient ensemble, à la file,
Et chacun, rempli de courroux,
Montrait cette ombre juvénile
Si tôt venue au rendez-vous.
Quelques uns, sur sa pâle tête,

Appelaient les fureurs du ciel,
Et nul, chez nous, ne fut poëte !...
Quels morts donc gardaient tant de fiel ?
La vengeance est des grandes âmes,
Elle est du poëte et des dieux ;
Que dis-je ? elle est aussi des femmes.
Ce rayon pur tombé des cieux
Pour se faire ange sur la terre.
Superbe, il n'a point démenti
L'esprit d'amour et de colère
De ces dieux dont il est sorti.
C'étaient des femmes ! L'ombre en peine,
Dans les bras du bénédictin,
Cherchait un refuge où la haine
Ne lui lançât pas son venin ,
Et le bénédictin lui-même
L'accablait d'un mépris railleur,
Ajoutait à sa peur extrême,
Semblait jouir de sa frayeur :
C'est que la pauvre enfant, la veille,
Ivre de ses jeunes désirs,
Butinait, amoureuse abeille,
Miel de fleurs et miel de plaisirs,
C'est que la valse et la luxure
Avaient, sur leurs ailes de feu,
Porté la jouvencelle impure
Jusque dans la maison de Dieu,
Jusque dans l'enceinte sacrée
Où l'on n'entendait autrefois
Que la prière murmurée

Nuit et jour par de saintes voix.
C'est qu'au pied même des murailles,
Où le bal s'agitait joyeux,
Houllait le champ des funérailles
Sur les restes de nos aïeux !
Et la jeune fille, oublieuse,
Ne songeait plus, en ses ébats,
Qu'une mère tendre et pieuse
Sous une croix gisait en bas,
Et que, de la couche de pierre,
Ses chants et ses bruyants accords
Soulevaient la housse de lierre,
Dernier manteau du lit des morts.
Et quand, en la maison des prêtres,
Les violons, de leurs tréteaux,
Jetaient par toutes les fenêtres
Leurs chants impurs sur des tombeaux ;
Quand, des hideuses saturnales,
Les lampes, volcans suspendus,
Lançaient aux lampes sépulcrales
Leur lave en éclairs corrompus ;
Quand, sous le cloître solitaire,
D'un flot de lumière inondé,
Un mortel sondait le mystère
Que nul mortel n'avait sondé :
Une voix, sauvage et chagrine,
Grande comme dix mille voix,
Frappa les flancs de la colline
Des cris d'une armée à la fois.
La voix, formidable tonnerre,

Disait : « Malheur ! sur toi, malheur !
Qui traînas le nom de ta mère
Dans les bourbiers du déshonneur.
Malheur à qui l'ingratitude
Ulcère le cœur désséché !
La vie à ta mère était rude,
Et, lorsqu'au but elle a touché,
Quand la pauvre femme sommeille
Et repose ses membres las :
C'est sa fille qui la réveille ! . . . .
Ingrate ! . . . . Malheur aux ingrats !
Malheur à la bacchante infâme
Qui, sur les marches du saint lieu,
A profané Dieu dans la femme,
Le plus bel ouvrage de Dieu ! »

Et tout rentra dans le silence,
Tout s'évanouit à mes yeux,
Et les fantômes et la danse,
Comme une vapeur dans les cieux.

Et seul avec l'oiseau nocturne,
Qui soupirait triste, en un trou,
Je soupirais au pied de l'urne,
Aussi triste que le hibou,
Méditant tout bas sur la chute
De l'autel, du trône et des grands,
Sur les temps et sur l'homme en butte
Aux affronts de l'homme et du temps.
Et j'étais fier de ma nature,

Qui m'avait laissé dans le cœur
Le respect de la créature,
L'amour sacré du créateur.
Et je sentais que vers ma mère
Hardiment je pouvais venir,
Moi, plein de ma douleur amère,
Moi, plein de son doux souvenir.
Et sur la mousse et sur la mauve,
Triste parure des tombeaux,
Tristes lambrequins de l'alcove,
Dont nul n'écarte les rideaux,
Je savais n'être point profane.
En paix je me sentais pleurer,
Et, purs, mes pleurs sur la campane
Ruisselaient sans la déflorer.
Mais que dans le val de la vie
Il est de buissons, de ruisseaux,
Où s'accroche, où tombe, salie,
La neige de tant blancs agneaux !
A chaque pas nouvel abîme,
Chacun y court sans y songer,
Et l'on s'y voit tomber, victime,
Avant d'avoir vu le danger.
Et la pauvre enfant si gentille,
Que la mort suivait pas à pas,
Pour sa tête de jeune fille
Ne redoutait guère le bras
Sous les coups duquel tout succombe :
Jeunes, vieux, maîtres et valets.
Et, pourtant, le seuil de la tombe

Touche aux portiques des palais !
Et le temps rit des noms, de l'âge,
Tresse un berceau, cloue un cercueil,
Pousse telle barque au rivage,
Rompt telle nef contre un écueil.
Le temps qui recouvre de cendre
L'or ou l'ébène de nos fronts
Ensemble au tombeau voit descendre
Et blancs cheveux et cheveux blonds,
Et d'un nuage enveloppée,
Couverte, au sommet, de brouillards,
La vie est la roche escarpée
Qu'on monte parmi les hasards,
Qu'on descend parmi les vertiges.
Culbuté par un vermisseau
Qui jette, en un jour, les prodiges
De cent ans dans un tombereau.
Un jour, rien qu'un jour peut dissoudre
Les masses du vieil univers,
Un instant abat, met en poudre
Le cèdre au front chargé d'hivers.
Et la rose ? Hélas ! la chenille
A peine lui laisse un matin.
Tu le savais, et, jeune fille,
Dans la forêt, dans le jardin,
Tu savais que tombe le chêne,
Qu'un lis tombe et, fragile fleur,
Chétive plante de la plaine,
De la faulx n'avais-tu donc peur ?
N'avais-tu point vu dans ce lierre

Qui, de son étendard fatal,
Drappe les murs du cimetière
Et tapisse les murs du bal?
N'avais-tu donc point vu le signe
De cet épouvantable hymen,
Où la main que l'autre égratigne
Veut égratigner l'autre main,
L'hymen, monstrueuse alliance
Et de la vie et du trépas,
Enfin, l'ossuaire et la danse
Entre lesquels n'était qu'un pas?
Et ta mère!.... Une mère est bonne,
Ta mère te pardonnera,
Mais crois-tu que Dieu te pardonne?
Dieu!... c'est Dieu qui te jugera!

Et la nuit, de sa longue mante,
Déjà rassemblait tous les plis,
Que du moine la voix dolente
Remplissait encor les parvis,
Il disait : orgueilleux atômes,
Qu'est un siècle à l'éternité?
Que sont vos immenses royaumes,
Que sont-ils dans l'immensité?
Qu'est à la majesté divine
La majesté des potentats ;
Qu'un prince aveugle s'imagine
Voir le bras de Dieu dans son bras,
Pourquoi donc, maîtres de la terre,
En son nom versez-vous le sang?

Dieu seul sait juger en bon père
Et le coupable et l'innocent ;
Dieu suffit seul à sa vengeance,
De ses autels il est jaloux,
Et vous touchez à sa puissance !
Vous lui disputez son courroux !
Et vous lui dérobez sa foudre,
Et vous partagez son encens,
Et vous n'êtes qu'un peu de poudre
Qu'un jour disperseront les vents !
Ce jour sera demain, peut-être ;
Ne l'appelez pas, il viendra ;
Laissez, laissez faire le maître,
Pour tous la tombe s'ouvrira.
Mais Dieu défend qu'on en soulève
Le couvercle avant qu'il l'ait dit.
Il veut qu'en paix chacun achève
La tâche qu'à tous il prescrit.
Pourquoi, dans son pélerinage,
Arrêtez-vous le voyageur
A moitié chemin du voyage ?
C'est briser le fruit dans sa fleur ;
C'est dans un gland briser un chêne.
Pasteurs, que sera le troupeau
S'il ne vous suffit de la laine
Et que vous égorgiez l'agneau ?
Eh ! quoi ! mortels, l'heure s'envole,
La vie est brève, et du trépas
C'est vous, — ô race impie et folle, —
Qui vers vous appelez les pas !

La vie est la mer en furie ;
Le trépas n'en est que le port.
Dieu veut que l'homme aime la vie,
Dieu veut qu'il respecte la mort,
Et que, battu par la tempête,
Il nage sans se rebuter
Jusqu'au rivage où tout s'arrête,
Où le flot doit tout emporter.
Et cette plage hospitalière
Qui doit voir finir tous les maux,
C'est la terre du cimetière,
Le champ de l'éternel repos,
Passés de l'azur à l'orage,
Jetés du ciel sur ce rocher !
Qu'est donc la vie ? Un long naufrage
Dont la mort sauve le nocher.
Et quand, après tant de fatigues,
Tant de soucis, tant de labeurs,
L'homme a traversé tant d'intrigues
Et que la mort sèche ses pleurs,
Dieu veut, sous sa dernière voile,
Qu'il dorme, en attendant qu'au ciel,
— Dont il est tombé, pauvre étoile ! —
Il remonte au jour solennel.
Le sommeil ramène la force,
Qu'attire le miel du sommeil,
Et l'homme, après un court divorce,
Retrouve sa force au réveil.
Ainsi Dieu veut que nul ne touche
Au repos qu'il accorde aux morts,

Et que de la funèbre couche
Le sommeil nous rende plus forts
Pour comparaître et nous défendre
Devant le sacré tribunal
Où Dieu préside, où Dieu veut rendre
Justice au bien, justice au mal.

Et tu dansais, jeune fillette,
Aux lieux où, jadis, je priais,
Et de l'éternelle retraite,
Hier encor, jeune fillette,
Tes pas troublaient la sainte paix !

Je ne saurais vous exprimer, Madame, ce que cette vision me laissa de pénibles impressions dans l'âme ; vous les comprendrez, vous dont l'âme sait lire la mienne, et vous comprendrez toute l'insouciante et coupable gaîté des Donnemaritains, sans que j'aie besoin d'entrer en plus longs commentaires.

Le cloître dont je viens de vous entretenir si longuement paraît devoir remonter au XIe ou XIIe siècle ; il entourait primitivement le cimetière des Bénédictins ; il ne fut réédifié sur la place qu'il occupe qu'au temps où messieurs de Saint-Martin de Tours firent construire l'église que Philippe-le-Bel, aux termes de ses lettres patentes, leur avait ordonné de bâtir.

Et le second cimetière , auquel tout récemment il servait encore d'enceinte , le cimetière n'existe plus ; le cimetière est une rue ouverte à tout venant , nivelée à la pioche , et dont un tombereau emporta le trop plein à la voirie ; les os de nos pères ont servi au remblai d'un grand chemin , et le vent, chaque jour, nous souffle leurs cendres au visage !

Il est des gens marqués au sceau de la fatalité !... O ma mère ! sans un jour de bonheur tu traversas cette vallée de larmes, et la bêche cruelle t'a ravi la paix de la tombe !....

Vous gémissez sur tant de profanations, n'est-ce pas, Madame ? Mais, hélas ! où ne les retrouve-t-on pas ? Et à Strasbourg même, les galeries extérieures de votre belle cathédrale n'ont-elles point été long-temps souillées par le trafic et la débauche ? J'ai tout lieu de croire qu'on balaya la fange qui les obstruait ; le gouvernement entendit mes doléances à cet égard : les marchands ont dû être chassés du temple. Le chapitre de Strasbourg y perdit beaucoup , sans doute, mais la morale publique y a beaucoup gagné , et je m'applaudis d'y avoir contribué.

Tout cela m'affecte douloureusement, Rita, et je vais terminer ma lettre. Mon cœur se déchire,

à mon âge, comme le cœur d'un faible enfant. Je
voulais vous décrire ma petite église, je voulais
vous décrire mon vieux cloître. Mais à quoi bon?
Vous connaissez leur âge, vous les devinez, et,
quand vous viendrez à Paris, je vous montrerai
dans la riche galerie de M. Dusommerard une petite toile délicieuse, inspirée par nos arceaux ro-
mans et nos tertres du cimetière à cet infortuné
Renoux, qui, lui aussi, le grand artiste, gît, depuis
quelques jours, sous la terre bénite.

Et chez moi vous verrez, Madame, une peinture,
belle aussi : c'est un présent de l'amitié, et Blandin
ne pouvait m'offrir rien qui me fût plus agréable.
Chaque jour je vois mon vieux cloître, je vois la
tombe de ma mère, et si je vais à Donnemarie,
je reverrai le cloître encore ; mais la tombe? Tout
est fini! Le cimetière... c'est la rue!

L'histoire, il faut en convenir, est avec moi, parfois,
quelque peu plus joyeuse ; ce n'est plus là ma rieuse
compagne ; elle eût assurément mieux fait de nous
conter quelque autre chose qui nous fût un peu moins
personnel. C'eût été plus gai ; elle aurait pu nous
dire, par exemple, comment, le 23 septembre 1725,
Marie Leckzinska et toute sa suite couchèrent à
Donnemarie, dans un presbytère où dix personnes
seraient, je crois, très mal à l'aise. La cour de la

royale fiancée ne nous paraît pas avoir été bien nombreuse. Enfin, quoi qu'il en soit, nous savons que, la surveille de son mariage avec Louis XV, la fille de l'ex-roi de Pologne faisait ses dévotions dans l'église de Donnemarie.

Et ce n'est point à ce titre, Madame, que cette église m'est si chère ; l'intérêt qu'inspire à l'archéologue les vénérables reliques des temps passés, nous rend, tout d'abord, cet édifice extrêmement précieux, bien que dans l'espèce il n'arrive guère qu'en troisième ordre ; mais, Madame, c'est là que l'eau lustrale a coulé sur ma tête, c'est là que le triste *De Profundis* enveloppa de sa voix caverneuse le cercueil de ma pauvre mère ; c'est enfin là que, de ma main, l'anneau nuptial passa au doigt de ma femme. Que de motifs pour me faire aimer mon vieux monument !

Et, il y a trois ans, les voûtes hardies de mon antique église fléchirent sous le poids de leurs cinq cent cinquante hivers, menaçant d'ensevelir sous leurs débris les fidèles à la prière...

Et le vandalisme menaça de son marteau redoutable les arcades de ce cloître, si longtemps respecté par le marteau du temps démolisseur...

Et vous comprenez toute mon anxiété, toutes mes douloureuses émotions ; et j'élevai ma faible

voix, et ma faible voix fut entendue. Le Gouvernement prit et le cloître et l'église sous sa protection ;
il ordonna qu'ils fussent classés parmi les monuments historiques ; à ma prière il accorda une
somme considérable employée à leur restauration,
et désormais ils n'auront plus à redouter ni les van-
dales ni les iconoclastes.

Et je suis bien heureux ! parce que j'ai bien fait,
n'est-ce pas, Madame ? Et cette pensée me rend le
cœur content, et, si vous voulez le permettre, nous
en terminerons là, avec cette bonne pensée, dans
la crainte d'en rencontrer de moins agréables.
D'ailleurs, vous connaissez maintenant assez bien
mon pays, et je crois pouvoir me dispenser de vous
en dire davantage, au moins pour aujourd'hui.

Adieu donc, madame.

Toujours à vous, respectueusement
affectionné,

TESTE D'OUET.

Paris, 10 avril 1846.

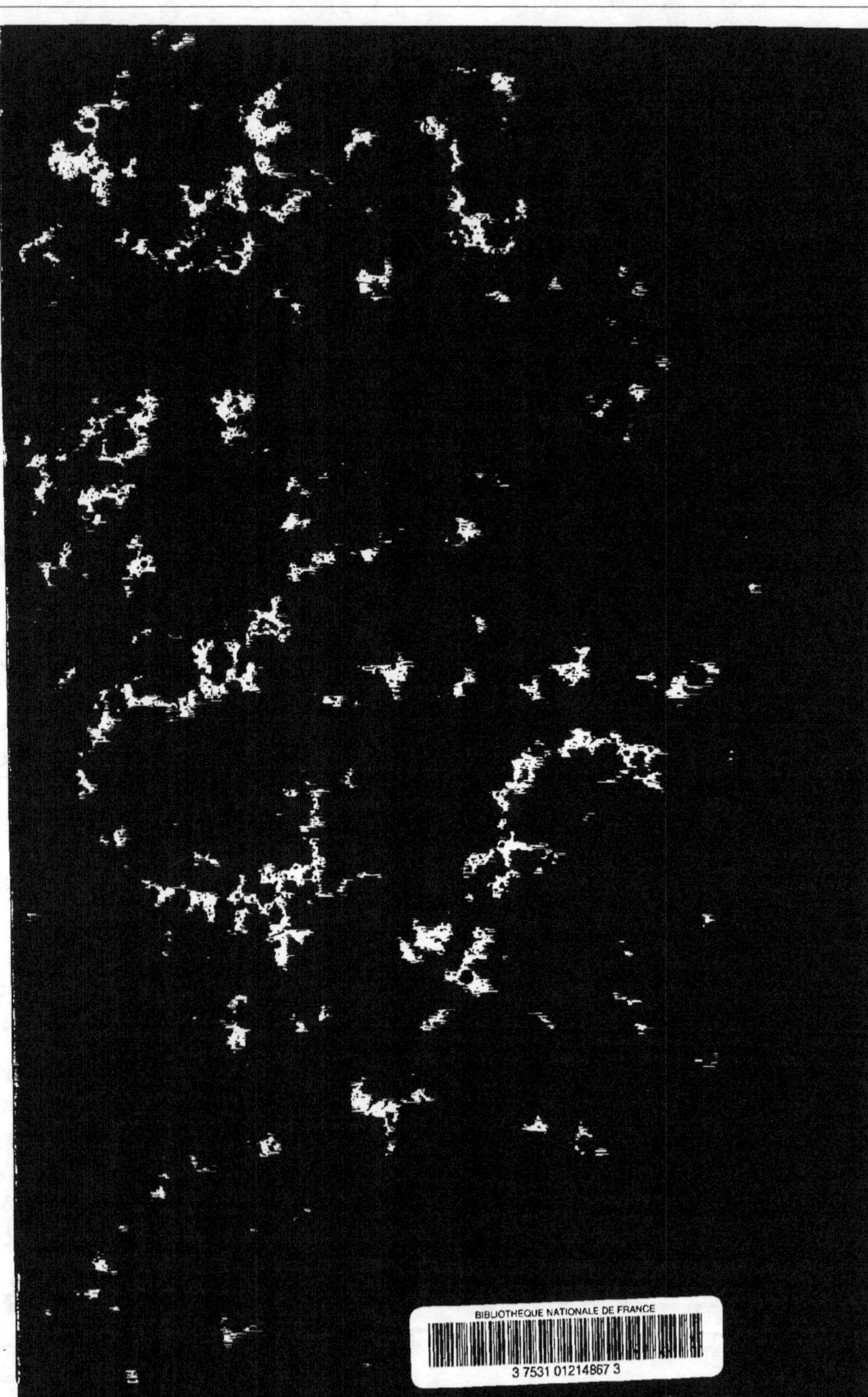